コウケンテツのおやつめし

おやつみたいな
子どものごはん？
ごはんみたいな
子どものおやつ！

もくじ

＊材料について
本書では、「きび砂糖」を使用していますが、手に入りにくいときは、ほかの砂糖でつくることもできます。

こんにちは、コウケンテツです

まずはじめに、ぼくと家族のことを紹介します。

パパのコウケンテツ。料理の仕事をしております。1974年7月14日生まれ。関係ないですが、フランス革命の日に生まれ、大阪のど真ん中で育ったシティボーイっす。左利きですが、お箸とペンは右で使います。好ききらいはまったくありません。

おにいちゃんの舜《しゅん》は5歳の男の子。「舜くん」とか、「にぃに」と呼ばれています。好きなものは、ママ、レゴブロック、お花、宇宙船や車が出てくる映画。特技は料理とダンス。料理はパパとママと毎日一緒につくっています。Myフライパン&包丁も持っていて、ダンスは週に1回習いに行っています。好きな食べものは、から揚げ、マグロ、かぼちゃコロッケ、白玉団子、おまんじゅうなどなど。お箸もじょうずに使えます。性格は超慎重派だけど、おちゃらけて、いつもみんなを笑わせてくれます。とにかく料理とママが大好き。お手伝いも何でもしてくれます。公園にあそびに行くと、かならずママと蓮ちゃんにお花を摘んでプレゼントしてくれる、やさしいにぃに。「ありがとう」「ごめんね」を素直に言えるところもすてきだな♪

次は妹の蓮《れん》ちゃん。２歳のかわいいかわいい女の子。「レンレン」と呼ばれることもあります。好きなものは、パパとキティちゃん。かるたとレゴブロックも好き。あとは食べること！　好きな食べものは、納豆、うどん、のり巻きですが、基本的に何でも食べてくれます。蓮は食べることとパパが本当に大好き。お着替えもお風呂も、すべてパパじゃないといやがります。あぁ、これが未来永劫続きますように……。性格はにぃにと真逆で、大胆不敵でかなりの頑固者。あと世話好きで、にぃにの保育園の準備などはすべて蓮がやってくれます。

最後はぼくの妻。みんな「ママ」と呼んでいます。マネージャーとして、妻として、頼りないぼくと家族を支えてくれています。三重県出身。好きな食べものは、和菓子とこだわりのおいしいバゲット＆オリーブオイル。お菓子づくりやお料理、裁縫など細かい手作業が得意。子どもの祝いごとのケーキやお料理は妻の担当で、いつも子どもたちが大よろこびする作品をつくってくれます。ベッドの組み立てやおもちゃの修理なんかも器用にこなすので、ぼくの立場が……なんてことも。

こんな４人で日々、たのしく暮らしております。

この本には、舜が３歳、蓮が３ヶ月の頃からスタートした連載のレシピとエッセイ、写真を収録しています。ぼくが子育てのなかで大切にしていること、日々感じていることをお伝えできれば、うれしいです。

涙の「おやつめし」誕生秘話

「おやつめし」とは、「ごはんのようなおやつ」のことです。わかりにくいので簡単に言うと、ごはんだけでは摂りきれない栄養をちょっと補ってくれる、とても便利な食べもののこと。

　恥ずかしい話なのですが、息子・舜がぼくのつくる渾身の離乳食をあまり……食べてくれなかったという……。子育てにはいろんなつらさがつきまといますが、わが子がごはんを食べてくれないというのは、想像以上につらいものです。

　そこで考えたのが「おやつめし」。子どもはおやつが大好き。世の中に「絶対」はありませんが、これだけは絶対です。ごはんを食べない子どもも、おやつはモリモリ食べます。なるほど。おやつの時間に、栄養がある、手づくりの健康おやつを食べさせたらいいのか、と。この発想の転換でぼくは救われました。

「おやつ」。これは子どもにとってまさに魔法のことば。「ごはん＝親に強制される避けたいもの」「おやつ＝しあわせを運ぶ食べもの」と、どうやら子どものDNAにはそう刷り込まれているようです。舜も、休日の手づくりおやつは大好きでめちゃめちゃ食べます。ならば「ごはん＜おやつ」にしよう！　むしろごはんは軽めでええやないか。どうせ食べへんし、ガミガミ言うの疲れたし。そのかわり、おやつは旬の素材を使って健康的なものをつくればいい！

　このコペルニクス的発見により、さらば苦悩の日々、ようこそしあわせの食卓♪になりました。

3歳の舜と。

おうちでごはん、が最高！

「食事」は家族そろって

わが家のたったひとつのルール……それは「家族みんなでごはんをつくって食べる」こと。

平日はほぼ毎日、自宅で料理の撮影をしています。撮影が終わったら、別件の打ち合わせやインタビューがあり、その後、次の日の撮影の買い出しへ。保育園のお迎えの時間までに戻らなければならないので全速力！　まさに怒涛のごとくでございます。

そして帰宅後は、みんなで晩ごはんづくり。息子・舜は0歳の頃からおもちゃがわりにフライパンであそんでいたので、いまやかなりの腕前です。この「おやつめし」の試作も舜とつくることが多かったんですよ。妹の蓮は「食べる専門」で、つくることにはほとんど興味を示さないので、ま、棲み分けはうまくできていますね（笑）。

「料理」が息子を成長させた

舜に見られる「成長の右肩上がりっぷり」が半端ないです（笑）。とくに料理に対しての熱の入れようがすごい。

0歳からおもちゃ同様、フライパンとフライ返しを巧みに操ってきた舜。5歳になったいまでは炒めものの野菜を切るところから、味つけ、盛りつけまでひとりでこなします。人数分のお皿に取り分けて「これはママの、これはパパの、これは舜の、これは蓮ちゃんの」と言いながら。

しかも、大人が料理中のときは、茶碗やコップ、箸などのセッティングをやってくれるうえ、食べ終わったら流し台まで食器を運んでくれる。わが家のキッチンは、舜という強力な助っ人を得て、いままで以上に活気にあふれています。

料理は子どもの脳の発達にもよいと言われますが、同時に満足感や達成感、自信も得ることができると思います。また、「自分でつくったのだから最後まで食べよう・片づけよう」という責任感も芽生える気がします。そんな感じで料理を一緒につくりながら、子どもの成長を日々感じとって暮らしています。

舜も、外に出ると何かと引っ込み思案だったのが、何でも積極的に取り組むようにもなりました。その成長をそばでずっと見せてくれることは、パパにとって本当に何ものにもかえ難い財産です。

わが家の食卓―1

子どもの器

職業柄、「おすすめの子ども食器はありますか？」と聞かれることが多いもの。

わが家では、離乳食の頃から使っている木製の食器が活躍することが多いですね。温かみがあり、軽くて扱いやすく、割れにくいので、子どもが使うのに適しています。

プラスチック製のものも割れにくいですが、無機質だし、料理もおいしそうに見えない。キャラクターものの器はすぐに飽きて使わなくなりますし、子どもたちは不思議と大人と同じものを使いたがるので、結局は大人も子どもも一緒に使えるものが最適。

最終的にずーっとながーく使える、飽きのこないシンプルなものが残る気がします。その点、木製の食器はやはりいいですね。

お悩み ①

「野菜ぎらいを何とかしたい！」

完熟トマトのジェラート

トマトが苦手な子も、おいしさに目覚めちゃうかも？

シャキシャキなのに なめらかな食感

昔の青くさいトマトが何だか恋しく思えたりもするくらい、最近のトマトは甘くておいしいものが多いですね。そんなトマトを使って、夏にぴったりの、さわやかな味のジェラートをつくりました。

つくり方はいたって簡単！ いったん凍らせてからすりおろすと、シャキシャキとしながらもなめらかな、不思議な食感になります。見た目も味も、トマトそのもの！ なのに、ちゃんとジェラート！ レモンときび砂糖が、ええ働きしまっせ。

おやつの時間にもよし、食欲が出ないときの食前にパクッとやるもよし。このレシピには、いま流行の、甘〜い、完熟したトマトが向いているようです。

材料（つくりやすい分量）

・完熟トマト—2個
・レモン汁—小さじ2
・きび砂糖—大さじ2
・塩—少々

つくり方

〈**1**〉トマトはよく洗って2〜3時間冷凍する。

〈**2**〉**1**を皮ごとすりおろしてボウルに入れ、少し溶けてきたらレモン汁、きび砂糖、塩を加えてしっかりと混ぜる。再び冷凍庫に入れて冷やし固める。固まったら取り出して室温に置き、少し溶けてきたらスプーンなどですくって器に盛る。

食材ピックアップ

夏野菜の代表選手

トマトには豊富なビタミン、カリウム、食物繊維、鉄分、カルシウムなどが含まれています。最近の研究ではさまざまな健康効果も明らかに。なかでもリコピンのもつ抗酸化作用が注目されていて、血糖値を下げたり、皮膚や視力、髪の健康維持や呼吸器系にもよい働きをするとされています。夏風邪の予防にも、もってこいの食材と言えますね。

コウケンテツ

こう・けんてつ　大阪府出身。

旬の素材を活かした簡単でヘルシーなメニューを提案し、テレビや雑誌、講演会など多方面で活躍。

プライベートでは2児の父親として、日々子育てに奮闘中。

親子の食育、男性の家事・育児参加、食を通してのコミュニケーションを広げる活動に力を入れている。

初出について
この本は、[月刊クーヨン]
2013年4月号から
2015年3月号に掲載された
連載「おやつめし」を加筆・修正し、
新たな内容を加えて
再編集したものです。

食材・木食器*はクレヨンハウスでもお求めいただけます。
お問い合わせは左記までどうぞ。
クレヨンハウス東京店・野菜市場
電話　03-3406-6477
クレヨンハウス大阪店
電話　06-6330-6507

*本書の撮影で使用した食器は、すべてコウさんの私物です。

クレヨンハウス店頭にあるものとは異なりますので、ご了承ください。

コウケンテツのおやつめし
ごはんみたいな子どものおやつ

発行日　2015年5月22日　第1刷
　　　　2016年1月10日　第2刷
著者　コウケンテツ
発行人　落合恵子
発行　クレヨンハウス
〒107-8630
東京都港区北青山3-8-15
電話　03-3406-6372
ファックス　03-5485-7502
e-mail　shuppan@crayonhouse.co.jp
URL　http://www.crayonhouse.co.jp/

調理アシスタント　色井綾
写真　宮津かなえ
デザイン　三木俊一（文京図案室）
印刷　大日本印刷株式会社

ISBN 978-4-86101-307-2　C0077 NDC596
26×19㎝ 80ページ
Printed in Japan

まめ・豆腐・ごま

魚・海藻

もちもち

ふわふわ

つるん

いろいろ野菜のスナック

香ばしく、たのしい食感で、つい手が伸びる。

カラリと揚げて、「カリッ」時々「もちっ」

さつまいも、ごぼう、かぼちゃ、玉ねぎ、れんこんなど、根菜をメインにした野菜スナックです。子どもにとって「スナック」という響きは最高です。あ、ぼくのようなオジサンにもよい響きです（笑）。子どもは市販のスナック菓子が大好きですが、やはり手づくりの味にまさるものはないですね。そしてもちろん栄養満点。

野菜を切るときは、子どもでも食べやすいように、ひと口サイズで、できるだけ薄切りに。カラリと揚がります。今回れんこんは、でんぷん質を活かして団子にしてみました。丸める際には、余分な水分を軽く絞ってくださいね。れんこんのもちっとした食感がおいしいスナックになります。もちろん、薄切りにして揚げてもおいしいですよ。

仕上げに塩、青のり、ほかにはしょう油などを好みでかけて食べてみてください。大人は、七味やスパイスなどをふりかけて、おつまみにも。

材料（つくりやすい分量）

- さつまいも—1/3本
- ごぼう—1/4本
- かぼちゃ—50g
- 玉ねぎ—1/4個
- 薄力粉—適宜
- れんこん—100g
- 片栗粉—大さじ1
- 揚げ油—適宜
- 塩、青のり—各適宜

つくり方

〈**1**〉さつまいもは薄い輪切りにする。ごぼうは皮を包丁の背でこそげ取り、長さ6〜7cmに切って縦に薄切りにする。かぼちゃはワタと種を取り、薄切りにする。玉ねぎは薄切りにして薄力粉を薄くまぶす。

〈**2**〉れんこんは皮をむいてすりおろし、水気を軽く絞る。ボウルに入れて、片栗粉を混ぜ、ちいさく丸める。

〈**3**〉揚げ油を中温（約170℃）に熱し、**1**、**2**の野菜を1種類ずつ入れてカラリと揚げる。うっすらと色づいてきたら油をきって塩をふる。れんこんには青のりをふる。

食材ピックアップ

根菜のいいとこ取り

れんこんのでんぷんは体内でエネルギーとなり、からだを温めてくれます。さつまいもはビタミンCが豊富で、かぼちゃは免疫効果を高めてくれるβカロチン（カロテン）、ごぼうは食物繊維が豊富なことで知られています。玉ねぎには疲労回復、血液をサラサラにする効果が期待されます。根菜類は保存がきくのも、うれしいですね。

右上から時計まわりに、玉ねぎ、れんこん、
ごぼう、さつまいも、かぼちゃ。

さつまいもの揚げニョッキ

ひと口サイズのドーナツのような食感。

揚げておいしさアップ！子どもとつくって

かぼちゃとさつまいもは、子どもごはん界において不動のツートップと言われるくらいの人気食材。実は蒸かしたさつまいもが最高の「おやつめし」だとぼくは確信しているくらい、優良食材でございます。

そんなさつまいもを使って、揚げニョッキをつくりました。つくり方はとてもシンプル。蒸したさつまいもに、小麦粉、きび砂糖を加えて成形し、揚げるだけ。揚げることで甘味が増し、何とも美味。生地にコショウやハーブを練り込むと、大人向けのおつまみにもなります。

本来ニョッキはゆでる料理なのですが、揚げることで、さつまいもの甘みがさらに増しますし、つくり置きもできるのでとても便利です。

扱いやすい生地なので、粉もの入門レシピとしても最適。お子さんと一緒に、いろんな形をつくってみるのもたのしいですね。

材料（つくりやすい分量）

・さつまいも—150g
・小麦粉—40g
・きび砂糖—10g
・塩—少々
・揚げ油—適宜

つくり方

〈1〉さつまいもは蒸し器でやわらかく蒸す。

〈2〉**1**の皮をむいてボウルに入れ、ふるった小麦粉、きび砂糖、塩を加えてなめらかになるまでこねる。冷蔵庫で30分ほど寝かせる。

〈3〉生地を直径**2**～**3**cmほどの棒状にのばし、3cm幅に切ってから、フォークの背で軽く押さえて模様をつける。

〈4〉低めの中温（約165℃）の油でこんがりと揚げ、油をきる。

＊つくり置きをする場合、生地を成形したあと、粉を薄くまぶして冷凍庫で2週間ほど保存可。冷蔵の場合は、生地を成形する前にラップに包んで2日ほど保存可。

食材ピックアップ

実は豊富なビタミンC

何と言っても栄養素は最高レベル！ 各種ビタミン、ミネラル、食物繊維、βカロチン（カロテン）が多く含まれているのはもちろん、特筆すべきはりんごの10倍と言われるビタミンCの量。さつまいもに多く含まれるでんぷんのおかげで、うれしいことに加熱してもビタミンCが壊れにくいと言われています。

里いもまんじゅう

蒸し里いもの
しっとりとした食感と
蒸しかぼちゃの
やさしい甘味でほっこり。

里いもとかぼちゃで見た目も「黄金」コンビ

蒸した里いもとかぼちゃを使い、かぼちゃをあんにし、里いもで包み、蒸しまんじゅうにしました。里いものもつ健康効果に、緑黄色野菜のかぼちゃの栄養をプラスすれば、最強の「おやつめし」の誕生です。仕上げのクコの実でさらに滋養強壮力アップ。見た目もきれいですね。

里いもは、蒸してから皮をむいたほうが扱いやすく、栄養やぬめりの効果もうまく使えますよ。煮ても焼いてもおいしい里いも。ふだんの食事に、おやつに、ぜひ活用してみてください。

材料（6個分）

- 里いも—150g
- かぼちゃ—60g
- 上新粉—60g
- きび砂糖—大さじ3
- クコの実（あれば）—6個

つくり方

〈**1**〉里いもとかぼちゃは蒸し器でやわらかく蒸して皮を除き、それぞれボウルに入れてなめらかにつぶす。

〈**2**〉里いものボウルに上新粉ときび砂糖大さじ2を加えてしっかりとこねる。6等分にして平らな円形にのばす。

〈**3**〉かぼちゃのボウルにきび砂糖大さじ1を入れてよく混ぜ、6等分にして丸める。

〈**4**〉**3**のかぼちゃをあんにして、**2**で1個ずつ包んで手で丸める。

〈**5**〉**4**を蒸し器で10分ほど蒸し、あれば飾り用のクコの実をのせて、さらに1分ほど蒸す。

食材ピックアップ

あなどれない里いものぬめり

含まれる栄養素はおもにでんぷんですが、水分量が多く低カロリー。いも類のなかでもっとも多くカリウムを含んでいると言われます。里いも特有の「ぬめり」は、ガラクタンやムチンによるもの。ガラクタンは、脳の活性化、免疫力向上、認知症やガン、風邪の予防に効果が期待できます。ムチンは胃潰瘍の予防、肝臓や腎臓を強化する働きが。そのほか、便秘解消、血圧やコレステロールを下げたり、滋養強壮作用も期待できます。

大根もち

風邪予防にも
重宝される大根を、
おやつにも。
桜エビや万能ねぎ、
ごま油の香りで
食欲増進！

家でも手軽に もちもちの大根もちを

大根を使った「大根もち」。中華料理の点心のひとつとして有名ですが、大根本来の甘味と旨味を活かして、簡単なレシピにアレンジしてみました。大人のお酒のおつまみとしてもおすすめです。

大根と上新粉の組み合わせがもっちりとした食感を生み、ごま油でこんがりと焼きつけることで表面はカリカリに。片栗粉を加えると生地がまとめやすくなりますよ。カリカリの食感をたのしみたいので、タレにつけてあっさりと。桜エビの香りも食欲をそそります！

材料（つくりやすい分量）

・大根―300g
・上新粉―100g
・片栗粉―20g
・桜エビ―10g
・万能ねぎ（小口切り）―2～3本分
・塩―少々
・ごま油―適宜

たれ

・しょう油―大さじ1
・酢―大さじ1

つくり方

〈1〉大根は皮をむいてすりおろし、ボウルに入れる。上新粉、片栗粉、桜エビ、万能ねぎ、塩を加えて混ぜ、ひとつにまとめる（水分が多くてまとまらないときは、上新粉を足す）。

〈2〉ちいさめのフライパンにごま油を熱し、**1**を平らな円形に広げる。ふたをして弱火で両面を約4分ずつ蒸し焼きにし、いったん取り出して食べやすい大きさに切る。

〈3〉フライパンに再びごま油を熱して、**2**の切った大根もちを並べ、両面をこんがりと焼く。たれの材料を混ぜ、好みで大根もちをつけて食べる。

食材ピックアップ

皮や葉にも栄養たっぷり

ビタミンCが豊富な大根。根や皮より、葉に多く含まれます。葉にはその他のビタミン、カルシウム、ナトリウムなども含まれており、丸ごと使いたい食材。胃腸を整え、免疫効果を高めるので、風邪予防にも。でんぷんやタンパク質、脂肪の消化も助けてくれる健康食品です。

ぼくは超甘々パパ!

愛のささやき?

娘・蓮はお風呂が大好き。夕食後にひとあそびすると、かならず「パパ!」と声をかけてきて、一緒にお風呂に行きます。そして湯船に浸かりながら、「蓮ちゃん、誰と結婚するの〜?」と聞き、「パパ!」と蓮に答えさせるのが日課。ああ、しあわせ。これが一生続きますように……。

息子・舜はと言えば、ママに大人顔負けのプロポーズをするそうな。それも毎日。しかも、ぼくがいないのを見計らって!「きょうのママの髪きれいだね、あいしてるよ」「ママ、いまから舜とあっち行ってさ……けっこんしよっ!」などなど。妻が「どうしてママにそんなこと言ってくれるの?」と聞くと、「だってママはさ、かっわいいんだもんっ♪」と舜。とにかくママのことが好きすぎて、愛のことばをささやかずにはいられないのだそう。かわいいなぁ。

3歳の舜と。

ダンス・レボリューション

舜は、4歳からダンス教室に通いはじめました。ある日を境に、毎晩、家でオリジナルのダンスをおどり出し、「舜はダンスが大好きなんだよ」。このひとことで、教室に通うことに決めた、はじめての習いごとです。

数週間後に発表会を控え、本番に備えて毎晩家で秘密の特訓をしていたとき。いつもは妻と一緒におどるところ、いきなり「きょうはパパとおどる！」と言い出した舜。マーヴィン・ゲイからはじまり、ソウル、R&B、ブルーノートのレコードにアルバイト代をつぎ込んだ青春時代、しかもバリバリのスポーツマンだったぼく。ついに隠れた才能を発揮するときがやってきたか……！

課題曲にのっておどり出すノリノリのぼく。それを見ていた妻が、なんとおなかを抱えて大爆笑！ 40年生きてきて、生まれてはじめて自分が「リズム感ゼロ」だと知った衝撃の夜。ぼくのダンスを見たときの、舜の憐れむような複雑な表情がいまでも忘れられません（涙）。

ブーブーに勝ちたい！

舜の「パパありがとっ！」のことばと弾ける笑顔が見たい。ただそれだけの理由で、出張のたびにミニカーのお土産をついつい買ってきてはママに呆れられる、超甘々ダメパパでございます。

そんな車大好きな息子が、ある日、唐突に……「パパはブーブー運転できないんだよね～」。い、いや、パパもできるよ！ と反論するぼくに「ううん、ママはできるけど、パパはできないんだよ」と舜。2児のパパ、コウケンテツ、このとき39歳。実は免許なし歴39年。その事実に、ついに息子が気づいてしまったのでありました。5分後、教習所のパンフレットをお急ぎ便で取り寄せたのは言うまでもありません。

例年、8月以降はイベントシーズンに入ります。職業柄、日本全国イベント行脚の日々に。長期海外ロケも加わって、年末までほとんど自宅にいなくなってしまいます。愛しいわが子にも会えない、寂しい毎日。必然的に電話をかける頻度も高くなるのですが……。

ママ「舜ちゃん、パパから電話だよ」

舜「え～、いまブーブーあそびしてるからいいよ」

ママ「パパがお話したいんだって！」

舜「しょうがないなぁ～、パパ何してんの？
舜は元気だよ。早く帰ってきてね」

と、差し障りのないマニュアルトークをくり出し、素早くママにチェンジ（ちなみに電話の向こうの会話はすべて聞こえています）！ 傷心を抱えたオヤジは、出張先で夜な夜なひとりやけ酒にくり出すそうな（泣）。

魔法のスパイス

世の中はわからないものだらけですが、子どもの食欲ほどわからないものはないですね（泣）。その日の気分でぜんぜん食べないことも多くて……。逆に言うと、ちょっとしたきっかけでモリモリ食べてくれるようにもなります。まったく困ったもんです。

そんなときに役立つのが、わが家で「魔法の子どもスパイス」と呼んでいる粉もの食材たち！　右上から時計まわりに、白ごま、粉末昆布、青のり、きな粉、黒ごま、しいたけ粉。ごはんや料理の仕上げに混ぜたりふったりするだけで、風味と栄養がＵＰ。子どもの食べっぷりもぜんぜん違いますよ。食卓に置いて、自分でふりかけたり混ぜたりすると、さらにたのしんで食べてくれます。おすすめっす。

お悩み ②

「つくり置きでラクしたい！」

小魚と青のりのクラッカー

旨味たっぷり、じゃこと青のりの名コンビ。

「おじゃこさま」で魚ぎらいもストップ！

魚といえば、子どものきらいなおかずの代名詞とお思いでしょう。ですが、小学校に上がるくらいまでは、むしろ魚好きの子が多いように思われます（コウケンテツ調べ）。お肉の旨味を覚えたり、大人と同じように食べられるようになると、なぜか魚ぎらい率が急上昇！ ということになるので、それまでにいかに魚とうまくおつき合いさせるかが大事。

子どものごはんの救世主、ちりめんじゃこ（干しシラス）は、炒めもの、和えもの、揚げものにごはんのおとも……まさに万能選手です。ぼくもどれほど、この「おじゃこさま」に助けられてきたことか。舜もじゃこだけはよく食べてくれました。

このクラッカーは、生地はできるだけ薄くのばして、パリッと仕上げるのがポイント。子どもと一緒に、好みの形に型抜きをしても。オイルは生地の風味づけとつなぎとして少ししか使っていないので、とてもヘルシーです。

材料（つくりやすい分量）

・薄力粉―100g
・塩―少々
・オリーブオイル―大さじ3
・ちりめんじゃこ―10g
・青のり―小さじ2
・水―大さじ2

つくり方

〈1〉ボウルに薄力粉、塩を入れてサッと混ぜ、オリーブオイル、ちりめんじゃこ、青のりを加えて軽く混ぜる。水を大さじ1ずつ、2度に分けて加えて手で混ぜ、ひとまとめにする（クッキー生地よりも固めに）。

〈2〉**1**をラップに包んで30分ほど休ませる。

〈3〉天板のサイズに切ったオーブン用シートに**2**をのせ、麺棒などで厚さ1㎜ほどにのばす。好みの形に切り、フォークで穴を開ける。

＊穴を開けることで生地が膨らむのを防ぎ、焼きムラがなくなる。粉っぽさもなくなるので軽い食感に。

4 180℃に予熱したオーブンで15～20分ほど焼く。

＊乾燥剤を入れた保存容器へ。常温で4～5日間おいしく食べられる。

食材ピックアップ

骨ごと食べてカルシウムを

じゃこには、子どもの成長に不可欠なカルシウムがたっぷり。カルシウムは、ふだんの食事では牛乳などの乳製品以外でうまく摂取するのが難しいのですが、乳製品はアレルギーの問題も……。その点、骨ごと食べられるじゃこは理想的な食材！

煮干しとナッツのキャラメリゼ

香ばしいナッツと一緒にキャラメリゼして、より食べやすく。大胆に砕いて、バリバリ食べて！

パリパリ、バリバリ、おいしい音もたのしんで

パリパリの食感と香ばしさが特徴の「おやつめし」です。

子どもたちがかなりちいさい頃から、味噌汁の出汁におやつにと、わが家のヘビーユーズ食材だった「煮干し」。もちろん、いまでもよく使います。煮干しは固くて大きいサイズのものより、やわらかくてちいさめのサイズのほうが食べやすいと思います。

ポイントは、低めの温度のオーブンで焼いて、さらに香ばしさと旨味をアップさせること。きび砂糖と水を茶色く色づくまでしっかり加熱してください。そうすることで、あら熱がとれたときにパリパリの食感に仕上がります。

日もちもしますし、煮干しが苦手なお子さんでも食べやすいので、おすすめですよ！

食材ピックアップ

出汁もおやつも煮干しが活躍

煮干しはカルシウムをはじめ、タンパク質、鉄分、ビタミンDなどを含みます。煮干しの油分には、DHAが含まれており、血液をサラサラにしたり、脳の働きをよくする作用が期待できます。お子さんから妊娠・授乳中の女性、年配の方にもぜひ食べてほしい食材のひとつです。余談ですが、ぼくの兄はいつも「煮干し&牛乳」をおやつにしていたせいか、身長が190cm近くあります。

材料（つくりやすい分量）

・煮干し（やわらかくてちいさめのもの）—30g
・アーモンドスライス—20g
・きび砂糖—大さじ4

つくり方

〈**1**〉煮干しとアーモンドスライスをオーブン用シートを敷いた天板に広げる。160℃に予熱したオーブンで15分ほど焼いて取り出す。

〈**2**〉鍋にきび砂糖、水少々（分量外）を入れて火にかけ、キャラメル色になるまで鍋を傾けながら加熱する。**1**を入れて手早くからめ、オーブン用シートに薄く広げ、あら熱をとる。

＊乾燥剤を入れた保存容器へ。常温で1週間おいしく食べられる。

ごまスコーン

ごまの油分を利用して、バター・卵を使わずに。

栄養たっぷり、食べごたえ充分!

スコーンは本来バターをたっぷり使いますが、ここでは練りごまを使っています。ごまの脂質で油分を補うことで、香りも栄養もアップ! 全粒粉を混ぜることでサクッとした食感になります。ポイントは、そぼろ状になるまですり混ぜること。生地をこねると、ふくらみが悪くなるうえ、スコーン独特の食感が出なくなるためです。

焼き上がった生地は意外にどっしりしていて、噛みごたえがあります。かたいものをしっかり噛むという動作は、脳の発達を促し、強い歯や顎をつくってくれるので、子どもの成長過程においてとても大切です。お子さんには、しっかりよく噛んで食べるよう伝えてくださいね。

ごまは、言わずと知れた健康食材の代名詞です。料理の仕上げにふりかけたり、手軽に使えるのも魅力です。指先で軽くつぶしながらかけると、香りが立つうえ、栄養素も吸収しやすくなるのでおすすめですよ。

材料(つくりやすい分量)

- ・薄力粉―80g
- ・全粒粉―20g
- ・きび砂糖―大さじ2
- ・ベーキングパウダー(ノンアルミニウム)―小さじ1
- ・塩―少々
- ・黒もしくは白の練りごま―大さじ4
- ・豆乳―大さじ2と1/2
- ・黒もしくは白の炒りごま―適宜

つくり方

〈1〉ボウルに薄力粉をふるい入れ、全粒粉、きび砂糖、ベーキングパウダー、塩を加えてサッと混ぜる。

〈2〉1に練りごまを加えて手でなじませ、細かいそぼろ状になるまですり混ぜる。

〈3〉さらに豆乳を加えてゴムべらで切るように混ぜ、ある程度なじんだらラップに包んで冷蔵庫で30分ほど休ませる。

〈4〉3を冷蔵庫から取り出して半分に切ってふた切れを重ね、手でギュッと押さえて、厚さ2cm程度にのばす。これをさらに2回ほどくり返し、好みの型で抜く。

〈5〉4の表面に炒りごまをのせて180℃に予熱したオーブンで15分ほど焼く。取り出してあら熱をとる。

*保存容器へ。常温で2~3日間おいしく食べられる。

食材ピックアップ

摂りたい ごまの油分

良質な脂質とタンパク質に富む健康食材。不飽和脂肪酸であるごまの脂質は、動脈硬化や高血圧を予防すると言われ、タンパク質は大豆に匹敵するほど。そのほかカルシウム、ビタミンB_1、B_2、リン、鉄など多くの栄養素を含みます。

中国の古い医薬書には、脳を活性化させ、五臓の衰弱や潰瘍を治し、体力を増強させると記されています。便秘や白髪・抜け毛予防、貧血にもよい食材と言われます。

しいたけせんべい

しいたけの豊富な旨味をぎゅっと閉じ込めた、お手軽せんべい。

「バリッ」とした食感でしいたけぎらいもハマる味

旨味成分が豊富なしいたけ。ぼくは、料理をつくっていてちょっと旨味が足りないなと思ったとき、調味料を足すよりも、しいたけを加えるようにしています。

子どものしいたけぎらいの理由の多くは、その独特の食感。加熱すると、より「ぶにょっ」とした食感が際立つんですよね。ならば「バリッ」と食べられるせんべいにしちゃえ！　発想は安易だったのですが（笑）、これが実にハマりました。これなら、しいたけぎらいの子も大丈夫。

つくり方のポイントは、しいたけのみじん切り。がんばって細かくしましょう。そのほうが旨味が出てきますし、子どもがきらいな食感もなくなります。そして、できるだけ生地を薄くのばすこと。香ばしく「バリッ」と仕上がり、**せんべいらしい歯ごたえと香ばしさが生まれます。**

リピーター続出間違いなしの自信作です。ぜひお試しあれ！

材料（つくりやすい分量）

・しいたけ―3〜4枚
・上新粉―100g
・水―1/2カップ
・揚げ油―適宜
・塩―少々

つくり方

〈**1**〉しいたけをできるだけ細かくみじん切りにする。

〈**2**〉上新粉をボウルに入れて水を加え、耳たぶの固さになるまでこね、**1**を加えてさらに混ぜる。手に上新粉（分量外）をふって、生地をひと口サイズの平らな円形に薄くのばす。

〈**3**〉中温（約170℃）の油で2分ほどこんがりと揚げ、油をきって塩をふる。

＊乾燥剤を入れた保存容器へ。常温で2〜3日間おいしく食べられる。

食材ピックアップ

旨味たっぷりヘルシー食材

きのこ類は低カロリーでミネラル・食物繊維が豊富。なかでもしいたけは旨味成分たっぷり。料理に使えば、ぐんと旨味がアップします。そのほか、血圧やコレステロール値を下げる作用、カルシウムの吸収を助ける作用も。家族みんなで積極的に摂りたい食材です。

白黒ごまのスティック飴

ごまの香ばしい風味を、ダイレクトに味わえる。

材料（つくりやすい分量）

- 白ごま—50g
- 黒ごま—50g
- 水飴—80g
- きび砂糖—80g
- 塩—少々
- ごま油—少々

つくり方

〈**1**〉白ごま、黒ごまをそれぞれ、から煎りして香りを出す。

〈**2**〉鍋に水飴の半分40g、きび砂糖の半分40gを入れて弱火にかける。細かい泡が立ってきたら、白ごま、塩、ごま油を加えて手早く混ぜる。

〈**3**〉**2**をオーブン用シートに挟み、固まる前に麺棒などで、厚さ3㎜ほどにのばす。黒ごまの場合も**1**～**3**の手順で同様につくる。

〈**4**〉冷蔵庫で冷やし、固まったら棒状に切り分ける。

＊保存容器へ。冷蔵庫で1週間ほどおいしく食べられる。

食材ピックアップ

実は豊富なビタミンC

ごまには、タンパク質、カルシウム、鉄分、食物繊維が豊富に含まれているうえ、高ビタミン、高ミネラル。さらに特筆すべきはその健康効果。美肌効果、老化防止、若返り、生活習慣病予防、便秘解消、冷え予防なども期待できます。まさに驚異的！ ごまに含まれる「ゴマリグナン」という成分が、大活躍してくれています。

とにかく、ごま！1本丸ごと、ごま！

過去にごまの本を出したくらい、ぼくが大好きな素材です。栄養豊富で健康への貢献度も高いごまは、ふだんから日常的に取り入れたい食材です。

そんなごまをたっぷり使ったスティック飴。つくり方のポイントは、最初にごまをサッと煎って香りを高めること。ごま、塩、ごま油を加えてからは手早く混ぜること。焦げると香りが台なしになってしまいますからね。また、麺棒など棒状のもので伸ばすときには、オーブン用シートに生地を挟んでのばすと、くっつかずキレイにできますよ。

これ1本で、相当量のごま！ スティック状に固めることで、カリカリ、ポリポリ、ごまを手軽にたっぷり摂ることができます。さあ、香ばしいごまの風味を、たっぷりとおたのしみあれ！

わかめの甘辛クッキー

全粒粉のザクザクとした食感もたのしい、あとをひくおいしさ。

甘辛く炒めたわかめはまるでドライフルーツ

わかめでクッキーなんてピンとこないみなさま、わが家の子どもたちの食べっぷりを見たら、きっとつくりたいと思うでしょう。海藻が苦手な子も、これなら食べてくれることうけ合いです。

つくり方のポイントは、水で戻したわかめをしっかり絞って、余分な水気を取ること。しょう油とみりんで甘辛く炒めてから生地に混ぜると、不思議なことにドライフルーツのようなコクのある甘みが出ます。

ごま油の風味も相まって、香り豊かなこのクッキー。ぜひ試してみてください。

材料（つくりやすい分量）

・乾燥わかめ—大さじ2
・しょう油—小さじ1
・みりん—小さじ1
・薄力粉—80g
・全粒粉—20g
・きび砂糖—20g
・白ごま油—大さじ3
＊ふつうのごま油だと香りがつよすぎるため、白ごま油がおすすめ。なければ、サラダ油にごま油を1～2滴足したものでも。

つくり方

〈1〉乾燥わかめは水で戻して絞り、みじん切りにする。フライパンにごま油小さじ1（分量外）を熱してわかめをさっと炒め、しょう油、みりんを混ぜ、あら熱をとる。

〈2〉薄力粉、全粒粉、きび砂糖をボウルに入れてサッと混ぜる。さらに白ごま油を加えてさっと混ぜ、1のわかめも加えて、全体がしっとりするまでゴムべらで混ぜる。

〈3〉小麦粉（分量外）で打ち粉をして、麺棒などで厚さ5㎜ほどにのばし、1辺が3～4㎝の三角形に切る。オーブン用シートを敷いた天板に並べ、180℃に予熱したオーブンで15分ほど焼く。

＊密閉容器へ。常温で2～3日間おいしく食べられる。

食材ピックアップ

わかめをもっと食卓に

ミネラル、カリウム、カルシウム、ビタミンAが豊富に含まれる、栄養満点のわかめ。とくにヨウ素はほかの食材よりも、ずば抜けて多く含まれており、血液中のコレステロール値を下げるなどの健康効果が期待できます。ぬめり成分のアルギン酸には、高血圧の予防や血液をサラサラにする働きがあると言われています。

溢れる親の愛！ 試される親の愛……

パパのお口になりたい？

晩酌しているぼくのお酒が、どうも気になる息子の舜。お酒をグイと飲み干すぼくを見てひとこと。

「パパのお口になりたいなぁ～」

ぼくが料理している手つきを見て、

「パパのお手てがいいなぁ～」

子どもの発想に、驚かされたり癒されたり。あぁ、なんとかわいらしいいっ!!

クリスマイブに入院……

わがやのように子育て真っ盛り、乳幼児がいる家庭では、病気という魔ものが常に背中合わせにいるものです。

舜は2歳までの間に3度入院しましたし、その妹の蓮は、ある年はなんと、クリスマスイブから入院というオシャレなタイミング……（苦笑）。

入院する際、担当医から「う～ん、退院まで2週間はみておいてくださいね～」と軽やかに宣告された日には、シラフでわんわん泣けます。これでクリスマスもお正月もなくなったのね……。でも、いちばんしんどいのは子どもたち。あんなにちいさいからだに管だらけの姿……。それこそ本当に泣けてきます。

それにしても、なぜに子どもたちは、ほんっとに忙しいときと、たまの休みの日に限って熱を出すのでしょうね。われわれ親の愛を試しているのか？ おぉ、友よ、その答えは風に吹かれている……。

「牛さんになっちゃうよ！」

舜が3歳の頃、あそび食べがひどくなってきまして……。テーブルでひと口ごはんを食べ、ソファーに走ってごろり。また食べてはソファーにGO！ これを延々くり返す。食事はたのしい時間にしたいし、よそではきちんと食べるので、それまでは大目に見ていましたが、これはそろそろ締めないといかんな、と。

ところが、いくら怒っても言うことを聞かない。むむむ。どうしたものか……。ママが一計を案じました。

ママ「舜ちゃん、食べながらソファーで寝たら、
　　牛さんになるよ！」

舜「えぇ～!? 牛さんになんてならないよ」

ま、ごもっとも。するとママが、
ママ「あ！　舜ちゃん見て！
　おしりに牛のしっぽが生えてきてるよ！」
舜「え!?　牛さんイヤ〜！」

2歳の蓮と。

めちゃめちゃびびりまくり、すでに半ベソの舜。ダッシュでテーブルに戻り、そこから一瞬たりともあそび食べをしなくなりました。ママの迫真の演技が効いたのか、よっぽど牛になるのがイヤだったのか。あそび食べにお悩みの方、この方法はかなり効果ありですよ（笑）。

しあわせな悩み

舜はなかなか食べてくれない時期も多かったのですが、蓮はというと……本当によく食べます。

保育園のノートにも、「蓮ちゃんはものすご〜く食べますね。きょうもお椀にお顔突っ込んで食べてました」「蓮ちゃんはおかわりがなくなると、机を叩いて怒りますね」。な、なんとはしたない（苦笑）。もう少しお上品にできんもんかいな。でも確かに、うちでもまったく同じ反応をするんですよね。寝起き10秒でごはんを食べたがります。誰よりも早く食卓につき、いちばん最後まで食卓に居座り、残りものをすべて平らげるのが蓮の食事スタイル。それから量のチェック。兄の舜よりごはんやおかずの量が少ないと、かならず割増を要求してきます。とにかくよく食べる！　れ、蓮、そんなに食べて大丈夫か!?　だけど食べているときのしあわせそうな表情ときたら（笑）。こっちもしあわせな気持ちにさせてくれます。

食べてくれないのも悩み、食べすぎるのも悩み。ま、しあわせな悩みですけどね。

5歳の舜と。

買いもので旬を知る

舜にとって近所のスーパーは、いまいちばんホットなスポット。保育園のお迎え帰り、かならず一緒に近所のスーパーに買い出しにいきます。「見て見て！　きれいな野菜だね」「大きな魚だね」。食材売り場に並んでいる、彩り豊かなホンモノの野菜や魚。そんな光景を目の当たりにすると、子どもは食材に興味をもち、自然に食材の名前や旬がわかるようになります。それが、食材への愛情につながり、食を大切にしてくれるような気がしています。

やっぱり好ききらいなく、ごはんが大好きな子に育ってほしいですよね。実際、舜は自分が選んだ食材はかならず最後まで食べます。ただ、「だいこんとねぎは、ニガテなんだよぉ～」らしいです（笑）。

お悩み ③

「持ち寄りパーティー、何つくろう？」

豆腐白玉のまるごとイチゴソースがけ

イチゴの果肉を練り込んだ白玉と、絹豆腐の白玉の2色使いがたのしい。

材料（2～3人分）
・イチゴ―15個
・白玉粉―60g
・絹豆腐―30g
・はちみつ―大さじ2
・レモン汁―大さじ1

つくり方

〈**1**〉イチゴはへたを取る。

〈**2**〉白玉粉のうち30gをボウルに入れ、水少々（分量外）を加えて、白玉粉の粒をつぶしながらなじませる。そこにイチゴを1個ずつ加えて、つぶしながらさらになじませる。そのまま耳たぶくらいのやわらかさになるまでこねる（イチゴの数はようすを見ながら調節）。別のボウルに残りの白玉粉30gを入れ、絹豆腐を加えて同様になるまでこねる。こねたらそれぞれちいさな円形に丸める。

〈**3**〉鍋に湯を沸かして**2**を2～3分ゆで、浮いてきたら冷水にとって冷ます。

〈**4**〉小鍋に残りのイチゴとはちみつを入れてサッと混ぜ、弱火にかけて3分ほど煮る。イチゴがくたっとなったら火を止め、レモン汁を加えて混ぜる。冷ましてから冷蔵庫で冷やす。

キング・オブ・「おやつめし」、白玉！

思わず手を合わさずにはいられない、思い出深いレシピ。この「白玉さま」のおかげで、恐怖の「舜・食べない期」を乗り切れたと思います。

白玉は、お子さんと一緒につくることを熱烈におすすめします。白玉粉をつぶす、豆腐やイチゴをつぶす、混ぜる、こねる、お団子をつくる。子どもが好きな作業の連続技。よろこんでつくってくれますよ。ただ、お子さんの年齢に合わせて、団子のサイズは調整してくださいね。ちいさめにつくると食べやすいです。

舜も一時期、保育園から帰るやいなや、「白玉つくる～っ♪」とキッチンへGOしてました。相当たのしくておいしいみたい。保育園の料理教室でも白玉をつくることが多いですが、評判は最高ですね。イチゴのほか、季節の野菜をゆでてつぶして、団子にするのもおすすめです。

食材ピックアップ

イチゴでビタミン補給

イチゴはレモンをはるかに超えるビタミンCのもち主。風邪予防の効果もある優秀なくだものです。しかも子どもが大好き。今回は、そんなイチゴを白玉だんごに練り込んで、ソースにも丸ごとたっぷり使いました。

かぼちゃのせいろ蒸しケーキ

材料（直径15cmのせいろ1個分）
・ナツメ（あれば）—適宜
・かぼちゃ（皮と種を取る）—150g
・上新粉—100g
・塩—少々
・きび砂糖—20g
・かぼちゃの種（あれば）—適宜

つくり方
〈**1**〉ナツメがあれば、種の周りをむいて、くるくると巻き、薄切りに。
〈**2**〉かぼちゃは、ひと口大に切ってやわらかくゆでて、つぶす。
〈**3**〉大きめのボウルに、上新粉、塩、きび砂糖を加え、手でさっと混ぜ合わせる。あら熱をとった**2**を加え、両手をこすり合わせるようにしてなじませる。ぽろぽろとしたそぼろ状になったら目の粗いざるでふるい、全体を均一な粒状にする。
〈**4**〉せいろの大きさに合わせてオーブン用シートを切って敷き、**3**をスプーンですくってふんわりと入れる。つぶさないように表面を平らにし、ふたをして25〜30分ほど蒸す。取り出して、あればかぼちゃの種、ナツメを飾る。

口に含むと
驚くほどに、
ふんわり、
軽い口当たり。

食材ピックアップ
緑黄色野菜の代表格

かぼちゃはミネラル、ビタミンC、E（別名「若返りのビタミン」とも。老化防止や、生活習慣病対策に不可欠）、βカロチン（カロテン／疲れ眼や、風邪予防などに効果的）などが含まれ、栄養満点。食物繊維も豊富。子どもはもちろん、大人にもうれしい食材です。

韓国の伝統菓子を新食感の「おやつめし」に

この「かぼちゃのせいろ蒸しケーキ」、「シルトッ」というおもちで、韓国の冠婚葬祭には欠かせない伝統菓子です。子どもの「おやつめし」だけでなく、大人同士の集まりや、ちょっとした持ち寄りパーティーで持っていくと、すごく重宝しますよ。

つくり方のポイントは、やわらかくゆでた（蒸してもよし）かぼちゃと上新粉を両手でこすり合わせながら、ぽろっとした生地にすること。そして、かならずざるでふるってください。これが独特の軽い食感につながります。トッピングのナツメやかぼちゃの種も栄養価が高いので、手に入るならぜひ。

韓国では、おもちは縁起ものでもあるし、魔除けの意味もあり、引っ越しや人生の節目ふしめでよく食べられます。ぼくも子どもの頃からよく母がつくってくれて、蒸しているときの、何とも言えない、いい香りがたまらなく好きでした。

豆腐とドライフルーツのココアケーキ

バナナやドライフルーツの自然な甘味がやさしい味わい。

豆腐で生地しっとり、クリームはなめらか

豆腐にバナナ、ドライフルーツと、健康食材をたっぷり使った、なかなかの意欲作が、この「豆腐とドライフルーツのココアケーキ」。

舜がチョコレート味にはまっていたとき、これをつくると大よろこびで食べてくれました。生地には豆腐がたっぷり入っているので、子どもが好む、しっとり、もっちりとした食感に。ヘルシーなのもうれしいですね。

ドライフルーツは軽く水でふやかすと、焼く過程で下のほうに沈み込まずに、生地の中にまんべんなく混ざります。脇に添えた豆腐クリームは、フルーツやパンにつけて食べてもおいしいですよ。

材料（6×8×16㎝のパウンド型使用）

・レーズン、ドライクランベリー（好みのドライフルーツでも）—各8g
・バナナ—1/2本
・絹豆腐—120g
・きび砂糖—50g
・塩—少々
・菜種油—大さじ2
・薄力粉—50g
・ココアパウダー—20g

豆腐クリーム

・絹豆腐—100g
・メープルシロップ—大さじ2
・菜種油—大さじ1/2

つくり方

〈**1**〉レーズン、ドライクランベリーは、ぬるま湯につけてふやかしておく。バナナは7〜8㎜の輪切りにする。

〈**2**〉ボウルに絹豆腐を入れてなめらかになるまで混ぜる。きび砂糖、塩、菜種油を加えてさらに混ぜる。なめらかになったら薄力粉、ココアパウダーをふるい入れてさっくりと混ぜる。均一になったら、水気を切った**1**のレーズン、ドライクランベリーを加えてさっと混ぜる。

〈**3**〉パウンド型にシートを敷いて**2**を流し入れ、表面を平らにする。中央にバナナを並べて、180℃に予熱したオーブンで30分ほど焼く。

〈**4**〉豆腐クリームをつくる。絹豆腐をボウルに入れ、泡立て器でしっかり混ぜてなめらかにする。メープルシロップ、菜種油を加えてさらに混ぜる。

食材ピックアップ

おやつにも豆腐を気軽に

豆腐の原料である大豆には、良質なタンパク質と脂質のほか、カルシウムやビタミンなども含まれています。大豆のタンパク質は血液中のコレステロールを低下させ、血圧上昇を抑制するとも。ほかにも、含まれるイソフラボノイドやサポニンが循環器疾患のリスクの軽減、生活習慣病の予防など、挙げたらきりがないほど、その健康効果が注目されています。

つぶつぶみかんかん

果肉のつぶつぶ感をたのしめる、寒天使用でやさしい味のみかんゼリー。

味も見た目も、子どもたちが大よろこび

シンプルなレシピですが、味は抜群！　みかんをくり抜くときは、皮を破らないように慎重に。つぶつぶとした食感がもっとほしい方は、実の量を増やしてください。

みかんのおいしさを丸ごといただけるゼリーは、ビタミン豊富なみかんの果汁がたっぷり。風邪予防に、冬のビタミン補給に、ぜひお試しあれ！

材料（2個）

・みかん—4個
・粉寒天—小さじ1/4
・きび砂糖—小さじ1

つくり方

〈**1**〉みかん2個の、へた側の上部を切り取って皮をやぶらないようにくり抜き、1個は実をほぐし、もう1個は果汁を絞る（くり抜いた皮は器にするのでとっておく）。残りのみかん2個は半分に切って果汁を絞り、みかん3個で果汁を100㎖にする（足りなければ水を足しても）。

〈**2**〉鍋に果汁の半量を入れ、粉寒天ときび砂糖をふり入れて煮立て、混ぜながら弱火で1～2分ほど煮る。

〈**3**〉火を止めて**2**をボウルに移し、残りの果汁を加える。あら熱がとれたら、ほぐしたみかんの実を混ぜ、みかんの皮の器に流し入れる。冷蔵庫で2時間ほど冷やし固める。

食材ピックアップ

丸ごと食べて栄養補給

みかんはビタミンCの宝庫。ビタミンAや疲労回復効果のあるクエン酸なども含まれます。みかんは実以外の、皮、すじ、袋にも多くの栄養素が含まれているんですね。たとえば、コレステロールを下げてくれるペクチン、高血圧を防ぐヘスペリジン、βカロチン（カロテン）、ビタミンBなど。すじや袋も、まるごと食べたいフルーツです。

あずきの花《ファ》餅《ジョン》

年末年始のおもてなしにも。
おいしくて、見た目にもきれい。

あんからつくれば もっと特別なひと品に

韓国の伝統的なおやつをアレンジしてみました。この「あずきの花《ファ》餅《ジョン》」の決め手は、もち粉のなめらかな食感とごま油の香ばしさ、そして、表面の飾りの美しさ。表面はさっと焼く程度で、飾りの彩りを損なわないよう注意してください。じっくりゆでてつくった自家製の粒あんは、香りも味も最高です。

ぜんざい、あずき粥、あずき茶などを母がよくつくってくれていたので、ぼくは子どもの頃からあずきが大好きでした。

食材ピックアップ

気軽においしくデトックス

あずきは、タンパク質、ビタミンB_1、食物繊維を多く含みます。解毒作用が強く、高い利尿効果があり、むくみを取るのに有効です。また、ポリフェノールは赤ワインより多く含まれ、大人には老化防止にも効果的。食べると、お腹の中から健康になれる素材です。

材料

粒あん（つくりやすい分量）
- あずき—200g
- きび砂糖—50g

もち生地（約10枚分）
- もち粉—80g
- 上新粉—20g
- 塩—少々
- 熱湯—1/2カップ弱
- ドライクランベリー、春菊の葉（好みのドライフルーツ、葉ものでも）—適宜
- ごま油—大さじ1

つくり方

〈1〉あずきを鍋に入れてたっぷりの水を注ぎ火にかける。煮立ったら10分ほど弱火で煮て、ざるに上げる。再びあずきを鍋に入れてたっぷりの水を注ぎ、1時間ほど弱火でゆでる（途中でお湯が減ってきたらお湯を足す）。指でつぶれるくらいに煮えたら、きび砂糖を加えてさらに弱火で1時間ほど煮る。あずきがぽってりとしてきたらバットに取り出して冷ます。

〈2〉ボウルにもち粉、上新粉を入れ、塩を加えた熱湯を少しずつ加え、耳たぶくらいの固さになるまでこねる。ぬれ布巾をかけて30分ほど置く。

〈3〉**2**のもち生地を麺棒などで厚さ3㎜ほどにのばし、直径7〜8㎝の丸型で抜く。好みの形に切ったドライクランベリーと春菊の葉を飾る。

〈4〉フライパンにごま油を熱し、**3**で飾りをつけたほうを下にして並べ、焼き色がつかないようさっと焼く。裏返して2分ほどじっくりと焼く。引き上げてあら熱をとり、**1**を適量ずつのせて半分に折る。

おにいちゃんはつらいよ

おにいちゃんになれない?

3歳のときの舜は、公園ではじめて会ったお友だちに「これ貸したげる!」「順番にあそぼうね!」。共有するということをきちんと理解していました。舜よ。ではなぜ? なぜにお前は天使のようにかわいい妹の蓮を、そこまできらうのじゃ? 蓮が同じ部屋にいるだけで「蓮ちゃんイヤ! あっち行って!」と泣き叫ぶ舜……。

4歳を前にしても、当時1歳の妹の蓮に対しては、まだまだおにいちゃんになれないようすでした。いつものように何やら蓮の泣き声が。案の定、舜がおもちゃを取り上げています。そこで編み出したのが「蓮ちゃん腹話術」。高い音域の声色で「おにいちゃんやめて! 蓮は悲しいよ」と腹話術をしてみました。すると、いままで「ママ」「パパ」などの限られた単語しか話さなかった蓮がいきなり会話をはじめたものだから、舜はビックリ!

思わず「蓮ちゃんごめんね……」。効果てきめん! それ以後、蓮にかいがいしく世話をするように。しめしめ。ところがある日、舜の部屋から「ねぇ、蓮ちゃん、きょうは何でおしゃべりしないの!」。しまった……。

さすがに四六時中腹話術はできんわな。

そのうち、やたらとアニキ風を吹かせるようになった舜。それはそれでいいのですが、自分のことを棚に上げて蓮に説教したり、家ではほとんど蓮の面倒を見ないのに、外面だけいいのが問題。

ケース①夕飯前。「蓮ちゃん! あんパンはおやつだから、ごはんの前に食べたらダメだからね。あんパンは、お・や・つ!」(↑自分はちゃっかりさっき食べた)。

ケース②公園にて。「じゃあ、おにいちゃんと一緒に砂場であそぼうか?」(↑家では絶対自分のことを「おにいちゃん」と言わないが、同級生の女の子がいたので、面倒見のよい兄を自ら演出)。

いったいいつになったら、仲のよいきょうだいになってくれるのやら、と心配していましたが……。

ついに兄としての自覚が!

唯我独尊、わがまま王子の舜に、ついに兄としての意識の芽生えが訪れました! 蓮が、同じ保育園に通うようになってからです。いままでいちばんきらいなことは「注射」と「おにいちゃんと呼ばれる」ことだったのに、

4歳の舜、1歳の蓮と。

いまでは「にぃに！」と呼ばないと、こっちを見てくれません。

先日、蓮が寝ているときに、大好きなイチゴを舜が食べていました。いままでなら全部自分が食べたのに、なんと、イチゴを半分残しています。「どうしたの？」と聞くと、「これ蓮ちゃんに残しておいてね」と。これですよ、これ！　求めていたきょうだいのよき関係はっ。思わずうるうるきちゃいました……。

ほかにも「蓮ちゃん、朝だよ。そろそろごはん食べよっか？」と、妹の蓮をやさしく起こしに行ってくれる舜。道を歩くときも蓮と手をつないで、やさしく誘導してくれます。おぉ、これぞ思い描いていたきょうだいの姿！

その年の夏には、蓮がプールにはまりました。ちっちゃいビニールプールをベランダに置いて、にぃに（舜）と一緒に入ります。一度入ると、そのあと立て続けに5回は入るので、からだが濡れては拭き、濡れては拭きのくり返し。こちらはたまったもんじゃありません。とはいえ、きょうだい仲よくジャブジャブやっている姿は、やはりかわいいものですね。

きょうだいのコラボレーション!?

ある日の早朝。蓮が顔と手を真っ黒にして、ひとり廊下に座っていました。あわてて近寄ってみると、なんと壁には太古の壁画を思わせる大きならくがきがっ！　しかも蓮の手には油性マジック。叱りつつも、なぜ壁にらくがきしてはいけないのか、ひと通り説明を。蓮は一応申し訳なさそうな顔はするものの、果たして理解しているのかどうか……。舜も「蓮ちゃん、らくがきしたらダメだよ！」と、得意のアニキ風。

ところが翌朝、今度は、壁一面にまるでナスカの地上絵さながらの特大のらくがきが。茫然と立ち尽くすぼくに、いきなり舜が「舜はらくがきなんてしてないよ！　蓮ちゃんだよ！」。はは〜ん（笑）。舜にはお絵かきとらくがきの違いをきっちり説明してきたので、らくがきをほとんどしたことがありません。でも、蓮が大胆にらくがきをしているさまを見た舜は思ったのでしょう。「なんて気持ちよさそうなんだ」と。蓮は蓮で、やはり大きな壁にダイナミックに描くらくがきの気持ちよさに完全に目覚めてしまいました。それから日を追うごとに壁画は巨大化。おかげでぼくは「壁」「らくがき」「油性」「消し方」のキーワードで、必死にネット検索をする日々でございます。

わが家の食卓 4

この日のお弁当は、のりまき、からあげ、ブロッコリー、エビのジョン（卵のつけ焼き）にイチゴでした。5歳の舜、2歳の蓮、妻と。

お弁当箱があれば

よく晴れた天気のよい休日。よし、きょうはみんなでお外でごはん食べよっか？ これはテンション上がります。子どもは、本当にお弁当が好きですよね～。

食べる場所が変われば、気分も変わる。いつもよりモリモリ食べたり、ふだん食べない野菜を食べてくれたり。もともと、味覚というものは、視覚や環境にかなり左右されるそうです。

わが家では、最近食べっぷりがいまいちだなと感じたら、あえてふだんの食事をお弁当箱に詰めて、いつものテーブルで食べたり、違う部屋で食べたりしています。これね、効果絶大です。ものすごくよろこんで食べてくれます。食べる＝たのしい。こころからそう感じてほしいですよね。

お悩み

4

「お弁当を残しがちです……」

新じゃがのはちみつしょう油煮

甘辛味ともっちり感が大人気！

じゃがいも丸ごと ぺろりと 食べられちゃう

韓国の合わせ調味料・ヤンニョムで味つけした、甘辛い新じゃがの煮もの。先にしっかり炒めることで、もっちりとした食感が生まれます。これはぼくが子どもの頃から食べていた母の味。山盛りつくってもらい、きょうだいと先をあらそって食べたものです。

「子ども＝洋食好き」だと思い込んでいる大人も多いようですが、実は子どもはしょう油ベースの甘辛い味が大好き。新じゃが特有のもっちり感も、子どもにはたまらんようです。子どものおやつにしては渋めのレシピですが、ぜひ一度お試しあれ。びっくりするほど、がっついて食べてくれますよ！　胡椒や唐辛子をかけて、大人のおつまみにも。

材料（つくりやすい分量）
・新じゃがいも―小16個
・ごま油―大さじ2
・白いりごま―大さじ1

ヤンニョム
・水―1と1/2カップ
・しょう油―大さじ3
・砂糖―大さじ1　・酒―大さじ1
・はちみつ―大さじ2
・にんにく―1かけ（包丁の腹でつぶしておく）

つくり方

〈**1**〉新じゃがいもは皮つきのままよく洗い、せいろで10分蒸す。

〈**2**〉鍋にごま油を熱し、**1**の水気を拭いてから加え、焦げないようにこんがりと炒める。

〈**3**〉**2**にヤンニョムの材料を加えて煮立て、ときどき返しながら弱めの中火で15分ほど煮る。

〈**4**〉汁気が少し残るくらいになったら火を止め、白いりごまを指でつぶしながら加えて混ぜる。

〈**5**〉あら熱をとって串に刺す。

食材ピックアップ

皮ごと食べて栄養たっぷり

じゃがいもはビタミン、ミネラルをバランスよく含み、食物繊維が豊富な健康食材。意外にビタミンCたっぷりで、とくに実と皮の間に豊富な栄養分が。やわらかい新じゃがなら、皮ごと食べられるので、栄養分を丸ごといただけます。

春野菜のひと口キンパ

ごま油の香りで、野菜が苦手な子も、パクッ!

材料（各2本分／具材はつくりやすい分量）

・菜の花―1/2束
・塩―適宜
・しょう油―小さじ1/2
・ごま油―適宜
・にんじん―1本
・あたたかい雑穀ごはん―200g
・焼きのり―2枚
・白炒りごま―小さじ1

つくり方

〈**1**〉菜の花は根元を少し切り、塩少々を加えた熱湯で1分ほどゆでる。ゆですぎると栄養が落ち、色も悪くなるので注意を。水に取ってしっかり絞り、縦に半分に切る。しょう油とごま油小さじ1/2をからめる。

〈**2**〉にんじんは皮をむき、斜め薄切りにしてから細切りに。フライパンにごま油小さじ1を熱し、じっくりと3～4分炒める。甘みが出てきたら塩少々をふって混ぜ、さらに1分ほど炒めて取り出し、あら熱をとる。

〈**3**〉ボウルに、あたたかい雑穀ごはん、ごま油小さじ1、塩少々を入れてさっくりと混ぜる。

〈**4**〉焼きのりは1枚を半分に切る。巻きすに焼きのりを半分のせ、のりの奥を少し残してごはん50gを広げる。**1**または**2**を適量のせ、手前からくるくると巻く。巻き終わりを下にしてしばらく置く。残りも同様にしてつくる。

〈**5**〉のり巻き全体にごま油を薄く塗って白炒りごまをふり、ひと口サイズに切り分ける。

食材ピックアップ

春ならではの緑黄色野菜

菜の花には、βカロテン（カロテン）、ビタミンB_1・B_2・C、鉄、カルシウム、カリウム、食物繊維など、抜群に高い栄養価が。とくにつぼみの部分には、花になるための養分がたっぷり蓄えられています。春にんじんの特徴は、ビタミンAの多さと甘味の強さ。生で食べてもえぐみや青くささが少なく、子どもも食べやすいです。

旬を知らせるひと口のり巻き

ぼくは、母がつくってくれた弁当で四季の移ろいや旬というものを覚えました。まだ少し寒さが残る春先の昼休み。弁当のふたを開けると菜の花の和えものや山菜のナムルが、まるで緑に覆われた野山のよう。菜の花がお弁当に入っているということは「春が来た」ということ。思春期の多感な時期にこうしたメッセージを弁当に込めてつくってくれていた母に、とても感謝しています。舜と蓮にも同じように、食で何かを感じてほしい。そんな想いを込めながら、日々料理をつくっております。

　当時を思い出しながらつくったのが、今回の韓国のり巻き「キンパ」。子どもが食べやすいように、ごはんと具の量を少なくした極細巻きを、スナック感覚のひと口サイズに。きれいに巻くコツは、できるだけ均等に、平らにごはんを広げることです。

きのこみそのお焼き

きのこの旨味がぎゅっと詰まった、素朴なお焼き。

食べやすい「お焼き」に万能の「きのこみそ」を

みそベースの合わせ調味料でじっくり炒めたきのこを、生地に包んでこんがりと焼きます。きのこの旨味、生地の香ばしさがたまりまへん。

生地はこねてから少し休ませると扱いやすくなります。包んでから焼くときは、木べらなどで軽く押さえると、表面がこんがりときれいに焼け、食感もよくなりますよ。ぜひ試してみてください。

応用のきく「きのこみそ」は、常備菜としても重宝します。たっぷりつくって、ごはんのおともに。水を加え、水溶き片栗粉でとじて、あんかけにしてもおいしいですよ。

材料（つくりやすい分量）

・小麦粉―100g
・塩―少々　・水―60㎖弱

きのこみそ
・まいたけ―1/2パック
・しいたけ―2枚　・植物油―適宜
・酒―大さじ1と1/2
・みりん―大さじ1と1/2
・みそ―大さじ1
・長ねぎのみじん切り―10cm
・ごま油―大さじ1

つくり方

〈**1**〉ボウルに小麦粉、塩を入れて水を少しずつ加え菜箸で混ぜる。生地がまとまってきたら手でこねる。なめらかになったらラップをかけておく。

〈**2**〉まいたけ、しいたけは粗いみじん切りにする。フライパンに植物油を熱し、きのこを炒める。しんなりしたら酒、みりん、みそ、長ねぎのみじん切りを加えて全体にからめ、水分がなくなるまで弱火で煮詰め、あら熱をとる。

〈**3**〉**1**を4等分にして**2**の具の1/4量をのせて包み、直径7～8cmほどの平らな円形にととのえる。

〈**4**〉フライパンにごま油を熱して**3**を並べ、ふたをして両面を約3分ずつ、こんがりと蒸し焼きにする。

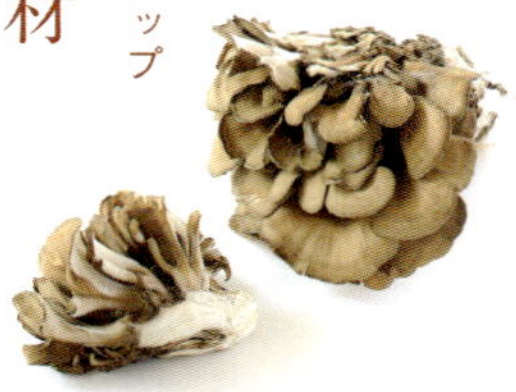

食材ピックアップ

健康食材 きのこ類

きのこ類は古くから漢方薬としても用いられるほどの健康食材。食物繊維はもちろん、カリウム、鉄などのミネラル、ビタミンB群、ビタミンDなどが豊富に含まれています。また、最近注目されているβ-グルカンという栄養成分は、とくにまいたけに多く含まれるよう。免疫機能を高め、腫瘍の増殖を防止する働きが期待でき、ガン予防にも有効と言われています。

鯛と昆布の焼きおにぎり

食べないときの切り札!
わが家の重宝レシピ。

海の恵みとおいしさをぎゅっと握り込んで

魚、なかでも王様と言われる鯛を使った、おいしい焼きおにぎりです。シンプルながらも、鯛と昆布の旨味をふんだんに活かしたこのレシピ。こんがり焼いた鯛をお米にのせて炊き上げるのがポイントです。香ばしさがアップするうえ、魚の生臭さもなくなって一石二鳥なのです。

舜があまり食べない時期があったとき、このおにぎりをつくるといつでも食べてくれたので、わが家では本当に重宝しました。もちろん、その後もリピート率が高いですね。食いしん坊の蓮は、言うまでもなく、どんなときでも、ものすごく食べてくれます（笑）。

材料（つくりやすい分量）

- 酒—大さじ1
- 昆布—10cm
- 白米—2合
- 鯛の切り身—2切れ
- 塩—小さじ$\frac{1}{2}$
- しょう油—適宜
- ごま油—適宜

つくり方

〈1〉分量の酒と、水（分量外）を合わせて400mlにする。昆布はぬれ布巾で汚れをふく。

〈2〉鍋に白米と**1**を入れ、昆布をのせて30分ほど置く。

〈3〉鯛の切り身は小骨を取って塩水（分量外）で洗い、魚焼きグリルで表面をこんがり焼く。

〈4〉**2**に塩を入れてさっと混ぜ、**3**をのせて強火にかける。煮立ったら中火にして5分、弱火にしてさらに7分炊く。炊き上がったら火を止めて10分ほど蒸らす。

〈5〉鍋から昆布を取り出して3〜4cmの細切りにし、鍋に戻してごはんとさっくりと混ぜ合わせる。

〈6〉**5**を三角ににぎっていくつかおにぎりをつくり、表面にしょう油をぬる。フライパンにごま油を熱しておにぎりを並べ、両面をこんがり焼く。

食材ピックアップ

子どもに人気の魚の王様、鯛

たんぱく質、ビタミンB_1、B_2、タウリン、ナイアシン、カリウムなどの栄養素が含まれる鯛。タウリンには、疲労回復や、コレステロール値を低下させ、血圧を正常に保ったり、肝臓の病気を予防する効果があると言われています。ナイアシンには、老化、冷えを予防する働きがあるとも。血液をサラサラにする成分のDHAやEPAが豊富なのもうれしいですね。

家でも外でもマイペースなわが子たち

ママっ子の舜。パパっ子の蓮。

ぼくの、息子・舜に対する溺愛っぷりは近所でも有名（？）でございますが、やはり娘ってのもデラ（すごく）かわゆぃもんでございますね〜。

舜が1歳くらいのときは、ハンパないママっ子だったのに、蓮はパパが大好き。アクティブな性格で、お出かけも大好き。

平日、近所の保育施設に通っていた頃。朝お出かけの時間になると、自分のいちばんお気に入りの服を引き出しから一つひとつ取り出してぼくに持ってきます。ついでにおにいちゃんの青いダウンまで持ってきて「どうぞ！」と差し出す蓮。何ともテキパキと面倒見のいい1歳児。夕方になると、保育施設でも同じように、着替えを引き出しから出してきて、保育士さんに着替えをおねだり。そして「パパ！　パパ！　パーパー！」と連呼していたそう。早く迎えに来いってことですね。

その後、蓮も、舜と同じ保育園に入園。保育園ではどんなふうに過ごし、成長するのか、これからもたのしみです♪

3分後には「ま、いっか」

蓮は、興味のあるものを発見するとスタスタと歩いて行き、果敢に何でもトライします。近くの公園にある平均台。けっこうな高さなのに、蓮は乗せろとせがんできます。あまりにうるさいので乗せてあげると、ぼくの補助の手を払いのけて自分で歩こうとする。度胸があります。

2歳になると、おしゃべりも達者になってきました。毎晩ねんねのとき、舜と蓮に絵本の読み聞かせをするのですが、最初の一文をぼくが超早口で読み、ふたりが「早いっ！」と、つっこみを入れるのがお約束になっております。最近、いつもの「早いっ！」のあと、蓮が「パパ、いちゅも（いつも）、はやいよ！」と、ハッキリした口調で抗議してくるようになりました（笑）。

兄の舜のことが大好きで、いつもあとをついて歩く蓮。舜はしつこくされるのが大きらいなので、よくけんかになります。ある日、「蓮ちゃん、もうあそんであげないよ！」と部屋を出ていく舜。「にぃに、あそぶ！　にぃに、あそぶぅ〜っ！」と大号泣の蓮。ここまではいつもの光景なのですが、3分後にはピタリと泣きやみ、なんと「ま、いっか」とひとこと！　その場でひとりブロックあそびをはじめました。この切り替えの早さ、これがご近所さんに「大物」と言われるゆえんなのかと、合点がいった次第です。

料理教室で大暴走⁉

先日、子どもたちがお世話になっている保育園で、料理教室をさせていただきました。保護者会の役員のママ・パパたちに、すごくすごくがんばっていただき、準備もバッチリ！

料理は、「カップケーキ風のそぼろ寿司」と、「白玉だんごのデザート」の2品。いずれもかなり本格的なもの。お友だちがスムーズに料理できるように、まずはぼくと舜が一緒にデモンストレーションをします。ですが、そこは生来のお調子者の舜。デモがはじまると、得意のヘン顔を披露したり、いきなり食材のハムをむしゃむしゃ食べだしたり、おふざけの連発。お友だちは大爆笑。で、一切料理のようすは見てくれず……。

さらにそこへ、ふだんは食べるの専門の蓮が、料理したいと号泣しながら乱入。このままではせっかくの料理教室が台なしにっ！　舜の暴走を止めようとなだめすかしたり、蓮をあやしたり、料理どころではなくなり、あぶら汗が止まらないぼく……。

翌日。保育園に見送りに行くと、子どもたちが口々に、「舜くんパパありがとう。すっごくおいしかった！」「次いつやるの？」「きょうもおうちであれつくるんだぁ」。そんな声をかけてくれる子どもたちのキラキラした目を見て、うるうるきちゃいました。やっぱり料理の力ってすごいですね。

2歳の蓮、妻と。

2歳の蓮。

大活躍のミニせいろ

料理をしているときの湯気って、いいですよね。もともと蒸し料理は大好きなのですが、直径15㎝ほどのせいろは扱いもラクで、子どもが食べる量にぴったり。ちいさいサイズなので後片づけも簡単。収納スペースにも困らない。

蒸した旬の野菜やお魚は、素材の味が引き出されておいしいので、ほんの軽い味つけだけでたくさん食べてくれます。離乳食づくりのときも大活躍しましたよ。現在も、あと一品足りないときには、蒸しものをせいろごとテーブルに出します。ふたを開ける瞬間がうれしいようで、子どももわくわくしながら待っています♪　こういう演出も、食事には大切な要素ですよね。

ちなみに、この蓮ちゃん最高にかわいいですね♡

お悩み

⑤

「何だか食が進みません」

パクパク食べる気分のときもあれば

食べられない気分のときもあるよね

枝豆と豆乳の寒天プリン

見た目にもたのしい、2層のグラデーション。

すべて植物性！父子思い出のプリン

われわれ父と子にとって思い出のプリンを紹介します。ある日、舜に「パパ、プリンっておいしいの？」と聞かれまして。実は舜は卵アレルギーがあるので、プリンを食べたことがありません。きっと誰かに聞いたのでしょうね。わかったよ。舜でも食べられる最高においしいプリンをつくろう！

そこで息子の大好きな枝豆を使った渾身のヘルシープリンが誕生したのです。豆乳と寒天で、素材はすべて植物性にしました。プリン特有のやわらかな食感を出すために、水分量に比べて寒天の量を少なくするのがポイント。

このプリンを食べたときの息子の歓喜の表情は一生忘れないでしょう。そして極めつけが、寝る前の舜のひとこと。「パパ、プリンおいしかったね。またつくろうね」。すべてが報われるこの瞬間。あぁ、料理家で本当によかった。もういつ第2次反抗期が来ても、パパは大丈夫。

材料（4個分）

・枝豆—（さやから出して）100g
・塩—少々
・無調整豆乳—350㎖
・粉寒天—小さじ1
・メープルシロップ—適宜

つくり方

〈**1**〉枝豆は塩少々を加えた熱湯で2分ほどゆで、飾り用に少し残しておき、残りは薄皮をむく。
〈**2**〉薄皮をむいた枝豆をミキサーに入れ、無調整豆乳50㎖とともに撹拌する。
〈**3**〉小鍋に残りの無調整豆乳300㎖と粉寒天を入れて、絶えず混ぜながら弱火で2分ほど煮る。メープルシロップを加えて混ぜ、100㎖を**2**と混ぜる。残りはボウルに移し、ボウルの底を氷水に当てながら冷まし、とろっとしてきたらすぐに器に流し入れる。
〈**4**〉**3**の表面が固まってきたら、その上に枝豆入りのプリン液を流し入れ、冷蔵庫でしっかり冷やす。
〈**5**〉飾り用の枝豆を添え、好みでメープルシロップ（分量外）をかける。

食材ピックアップ

野菜と豆のいいとこ取り

枝豆はビタミン、ミネラル、タンパク質という野菜と豆の両方の栄養素を多くもち、疲労回復、むくみ解消……と、挙げればキリがないくらい栄養満点で優秀な食材。ただ、鮮度が落ちると味も栄養素も同時に失われていくのでご注意を。旬のフレッシュな豆のやさしい甘み、ほくほくした食感は、子どもも大好きなはずです。

じゃがいもとそら豆のもちもち麺

じゃがいもとそら豆を生地に練り込んだ、手づくりの麺。

もちもちした麺で少量でも腹もちよく

じゃがいものねっとり感と、そら豆のほくほく感を活かした手づくり麺です。

　じゃがいもは焼く、煮る、ゆでる、蒸す、揚げる、どんな調理法でもおいしく食べることができる便利食材。腹もちもよく、「おやつめし」にはぴったりですね。そして、そら豆も、その栄養価と風味の高さ、味のおいしさは折り紙つき。じゃがいもやそら豆は、蒸すとしっとりおいしく仕上がります。薄力粉ではなく強力粉と合わせることで、もちもちとした食感がさらにUP。この食感と香り高い麺には、煮干しベースの薄味スープがおすすめです。

材料（4人分）

・じゃがいも―1個
・そら豆（さやから出して）―200g
・強力粉―80g
・塩―少々
・煮干し出汁―2カップ
・しょう油―小さじ1
・みりん―小さじ2

つくり方

〈**1**〉じゃがいも、そら豆は蒸し器でやわらかく蒸す。蒸したあと、そら豆は薄皮をむき、仕上げ用に8個とっておく。じゃがいもは皮をむく。

〈**2**〉熱いうちに**1**をボウルに入れてなめらかになるまでつぶし、ふるった強力粉と塩を加えてなめらかになるまでこねる。それをラップに包んで15分ほど置く。

〈**3**〉生地がくっつかないよう、強力粉で打ち粉（分量外）をしたまな板の上に、**2**を取り出して厚さ7～8㎜ほどにのばし、細切りにする。

〈**4**〉鍋に煮干し出汁、しょう油、みりんを煮立て、塩で味を調える。

〈**5**〉別の鍋に湯を沸かして**3**を1～2分ゆで、ざるに上げる。器に盛って**4**をかけ、仕上げ用のそら豆を2個ずつのせる。

食材ピックアップ

腹もち、栄養ともに満足！

じゃがいもは、ビタミンB群・C、ミネラルが豊富に含まれ、とくにビタミンCの量はみかん並み！　むくみ、便秘の改善、貧血予防などの効果も期待できる健康食材。そら豆もまた栄養価が高く、タンパク質、カリウム、ミネラルをはじめ、代謝をスムーズにするビタミンB群が豊富。腹もちがよいだけでなく、栄養も豊富な芋類や豆類は、子どもの「おやつめし」にうってつけ！

バナナともち米のココナッツミルクしる粉

子どもたちが
大好きなバナナを、
エスニック風の
おしる粉に。

材料（ふたり分）
・もち米―大さじ4
・水―3カップ
・ココナッツミルク―1カップ
・塩―少々　・バナナ―1本
・ココナッツシュレッド（好みのナッツ類でも）―大さじ1
・ゆであずき―適宜

つくり方
〈**1**〉もち米は水でさっと洗う。鍋に入れて水3カップを加えて煮立て、20分ほど弱火で煮る。もち米がやわらかくなり水分がなくなってきたら、ココナッツミルク、塩少々を加えて混ぜながら2〜3分煮る。
〈**2**〉バナナは1㎝の輪切りにし、フライパンでさっとソテーする。ココナッツシュレッドはこんがりとから煎りする。
〈**3**〉器に**1**を盛り、バナナ、ゆであずき、ココナッツシュレッドを添える。

いつもと違う バナナを召し上がれ

あなどるなかれ、バナナは非常に優秀な素材です。栄養豊富で、朝食や夜食、小腹がすいたときにも最適なんです。そんなバナナを使って、「バナナともち米のココナッツミルクしる粉」をつくりました。ちょっと変わった素材の組み合わせですが、エスニック風のおしる粉、といったところでしょうか。

材料の米は、断然もち米がおすすめです。もち米の独特の風味と、ココナッツの甘味と香りが、バナナと絶妙に合うんです。ソテーしたバナナの甘味も最高。ココナッツミルクがないときは、牛乳に黒砂糖か、はちみつを少し加えるのがおすすめです。ココナッツシュレッドのかわりに、砕いたナッツで食感をプラスしても、また違った味がたのしめます。

ご家庭なりのアレンジをたのしんでみてくださいね。

食材ピックアップ

手軽な軽食や栄養補給に

食物繊維、マグネシウム、ビタミンC、ビタミンB群が豊富なほか、ほかのフルーツに比べ、血圧を下げる効果が期待できるカリウムの含有量が多いことでも知られています。また、バナナに含まれる糖質はからだや脳を働かせる貴重なエネルギー源。脂質よりも燃えるのが早いため、軽食や手軽なエネルギー補給にも適した食材です。

そばだんご入りわかめスープ

ダブル出汁が最高！
味つけは最小限でOK。

材料（ふたり分）

・煮干し―20g
・水―3カップ
・乾燥わかめ―5g
・そば粉―60g
・熱湯―40〜60mℓ
・ごま油―大さじ1
・にんにく―1かけ
・酒―大さじ2
・しょう油―小さじ2
・塩―適宜
・白炒りごま―小さじ1

つくり方

〈**1**〉煮干しは内臓を取って鍋に入れ、水を注いで30分以上置く。鍋を火にかけ、煮立ったら弱火で15分ほど煮て、一度こして煮干しを取り除く。

〈**2**〉乾燥わかめは水（分量外）に浸して戻し、食べやすい大きさに切る。

〈**3**〉そば粉をボウルに入れ、熱湯を加えてこねる。

〈**4**〉鍋にごま油を熱し、すりおろしたにんにくと、**2**を加えてサッと炒め、**1**の煮干し出汁、酒を加えて煮立てる。

〈**5**〉**3**をひと口大に分けて（形は気にせずランダムに）薄くのばして**4**に入れ、2分ほど煮る。しょう油、塩で味を調え、白炒りごまをふる。

スープはぜひとも飲み干してみて

わかめをたっぷり使った「そばだんご入りわかめスープ」。これはぼくが子どもの頃から食べていた、まさにおふくろの味。食卓に上る頻度も高かったですね。手軽にできて栄養たっぷりなうえ、そば粉の香りと、わかめ&煮干しのダブル出汁がたまらない「おやつめし」です。

その豊富な栄養分から、韓国では産後に女性がよく飲んでいます。お正月や誕生日などのおめでたい席でもよく登場します。今回は、そばだんごを加えて腹もちよく。

ごま油でにんにく、わかめをサッと炒めると、わかめの風味と出汁がしっかり出てウマい！　仕上げにしょう油と塩で味つけをしますが、最小限で充分です。そばだんごは薄くのばしてから煮ると、スープとよくからんでおいしいですよ。

食材ピックアップ

野菜と並ぶ栄養素をもつ

わかめには、ヨウ素、カルシウム、カリウム、鉄、亜鉛など海洋ミネラル成分が多く、βカロチン（カロテン）、ビタミンなども野菜並み。血圧やコレステロール値を下げたり、血液をサラサラにする効果もあります。食物繊維が豊富で低カロリーなので、大人の夜食にもおすすめ。

5歳の舜、2歳の蓮と。

お手伝いで自信がつく

子どもの料理教室をさせていただくことも多いのですが、そんな経験から言うと、子どもはみんな料理をつくることが大好きになってくれますね。そして食べることも、もっと好きになってくれます。こちらが一生懸命おしえると、一生懸命に応えてくれます。料理を通して繋がることは、たのしく、すばらしいですね。

うちの舜とも、この「おやつめし」のレシピをよく試作します。その際、「ね〜、もうちょっとおしょう油入れたほうがいいと思うよ」「この生地はちょっとかたいね」といっちょまえな発言を(笑)。でもこれが案外、的確な指摘で驚いてしまいます。しかも、「舜は保育園行かずにパパとお仕事するんだぁ」。もう、いっぱしの料理人ですわ。

コウケンテツ流「イクメン」論！

あるとき、妻が子どもたちを連れて、4～5日ほど実家の三重県に帰省したことがありまして。自宅でひとりきりで過ごしたのは、舜の出産のとき以来だから、なんと4年ぶり！

「羊の皮をかぶったヤギ」と言われるほどの超草食系＆ご近所さんに「度の過ぎたイクメン」と呼ばれるほどのわたくしが、ついに野に解き放たれる瞬間がやってきました。ひたすらハードな仕事と育児に追われる日々。まさに分刻みのスケジュールのなか、夢想をしたものでした。「もし、ひとりの時間ができたら……」と。

だけど、いざその瞬間を迎えると、考えるのは遠く三重にいる子どもたちのことばかり。早く会いたい……。結局、みんなが戻ってきたら快適に過ごせるようにと、すべての部屋とエアコンをきれいに掃除し、シーツを洗い、ふとんを干す毎日。そして毎晩自宅で料理をつくって、舜の好きなＤＶＤを観ながら寂しさを癒すひとり酒の日々……。ヤギはオオカミになれずヤギのままでした。そしてつくづく、自分は家族がいないとダメなひとなんだと再確認した、久しぶりのお休みでした。あぁ、家族っていいもんですね。

そんなぼくなので、「イクメン」論のようなことを語れる自信は、実はなく……。日々の子育てについて「できたらいいな♪」的なことを気軽に書かせていただきますね。

ぼくは、ひとりごとが多くて、よくびっくりされます。たとえば……「生まれてきてくれて、ありがとう」

自分でもびっくりするのですが（笑）、ふとしたときに思わず呟いてしまうのです。でも、極論ですが、「ありがとう」ということばに、子育てのすべてが詰まっているような気がします。ただただ感謝――。ぼくにはこれしかありません。

たしかに子育てって、本当に、本当に大変。現代社会はやるべきこと、やらないといけないことが山ほどあります。でも、子どもたちはそんな事情なんておかまいなし。ときにギリギリのところに追い詰められ、絶望の淵に立たされ、「あかん、ヤバいかもしらん、ほんまにヤバいかもしらん、おれ……」と得意のひとりごとを呟くこともしばしば。

ただ、一緒に過ごしているときの、子どもたちの瞳。曇りなき200%信頼の眼差しで、まっすぐにこちらを見据えてきます。ただの酒好きの、たいした取柄もない男に、なぜここまで絶対的な信頼をおけるのか。この感覚は、うれしいような恥ずかしいような、不思議で温かい、しあわせな気持ちにさせてくれます。そして、そんな子どもたちの信頼に応えるべく、日々悪戦苦闘しております。

「イクメン」の定義というと、実際のところ、よくわかりません。すみません。ただ、ひとつだけ思うのは、その男性が「イクメン」かどうかは、妻やパートナーの方が決めるのだろうな、ということ。家庭の数だけ、それぞれのケースがありますので、夫（パートナー）にやってほしいこと、やってほしくないことがまったく違うと思います。それを話し合い、理解し、実行することができるひとを、「うちの夫（パートナー）は『イクメン』だよ」と、女性も信頼してくれるのでしょうね。

意外だと言う方が多いのですが、取材で頻繁に訪れるアジアの地域では、育児と家事をものすごくされる男性が多いです。なので、「イクメン」なんてことばはありません。助け合ってやるのが当たり前だから。そんな方々の日々の生活はものすごく豊かに思えました。

ぼくの感覚では、（システムや習慣の問題もありますが）日本ではまだまだ「育児・家事は女性がするもの」と思い込んでいる男性が、あまりに多いように思えます。男性がよく言う、育児や家事を「手伝ってる」や「参加している」ということばには猛烈な違和感を覚えます。わが家のことを夫が「手伝う」とか、「参加」するって……。何だか他人事みたいですよね～。

夫婦のいちばんのしあわせは、お互いに「このひとと一緒にいてよかった」と思えることだ、と聞いたことがあります。これはぼく自身の目標でもあります。家族で協力し合いながら、めいっぱい育児、家事、仕事に励む。やがて舜と蓮は成長し、社会に出る。その後、妻と人生の黄昏を共に過ごし、いままでをふたりで振り返ったとき、妻がこころから「一緒にいてよかった」と思ってくれたら。こんなしあわせなことはないでしょうね。

妻と舜と蓮に感謝を——。

生まれてきてくれて、

ありがとう♪

食材別インデックス

子どもたちに、どうしても味わってもらいたい食材、ありますよね。そんなときは、食材から「おやつめし」を選んでみてください。毎日の献立づくりにも役立つはず。

野菜・くだもの

いも・きのこ

食感別インデックス

子どもによって、食感にも好みがあるもの。たのしく食べるために、その子の好きな食感の「おやつめし」を選んででも。しっかり噛んでほしいときは「ザクザク」、病気のあとには食べやすい「つるん」、なんてのもアリです。

パリパリ

ザクザク

もぐもぐ